# Credo ergo maneo

## Ich glaube, also bleibe ich

von Hans-Jürgen Sträter

| | |
|---|---|
| Impressum: | Credo ergo maneo<br>Ich glaube, also bleibe ich<br>von Hans-Jürgen Sträter |
| Herstellung und Verlag: | Books on Demand GmbH, Norderstedt |
| ISBN: | 978-3-73475183-7 |

1. Auflage vom 1. Februar 2015

| | |
|---|---|
| (Hrsg.) V.i.S.P: | Adlerstein Verlag<br>Hans-Jürgen Sträter<br>Wacholderstr. 26<br>26639 Wiesmoor |
| Tel.: | 04944-5815 |
| Fax: | 04944-5839 |
| Email: | kontakt @ adlerstein.de |
| Internet: | www.adlerstein-verlag.de |

| | |
|---|---|
| Coverfoto: | Tossa de Mare Felsen (Version vom 12-12.2009)<br>Author: Shego 123, Commons Wikimedia.org |

Alle Rechte vorbehalten

© Adlerstein Verlag Wiesmoor, 2015

MIX
Papier aus verantwortungsvollen Quellen
Paper from responsible sources
FSC® C105338

*für einen lieben Freund*

*Wer in der Liebe bleibt,*
*der bleibt in Gott*
*und Gott in ihm.*
aus Johannes 4, 16

**Inhalt**                                         **Seite**

| | |
|---|---|
| Vorwort | 9 |
| Und wer sein Gebot hält | 10 |
| Ach bleib mit deiner Gnade | 11 |
| Dennoch bleibe ich stets an dir | 12 |
| Glaube heißt auch: | 13 |
| Eins bitte ich vom Herrn | 14 |
| Seelenbleibe | 15 |
| Leben beim Herrn | 16 |
| Leben der ersten Christen | 17 |
| Wenn ich mit Menschenzungen | 18 |
| Credo ergo maneo | 20 |
| Denn wenn das Herrlichkeit hätte | 20 |
| Einst herrlich dort zu werden | 21 |
| Bei dir Jesus will ich bleiben | 22 |
| Bleibt bei dem, der euretwillen | 24 |
| Niemand hat Gott jemals gesehen | 26 |
| O Jesu, dass dein Name bliebe | 27 |
| Gleich wie die schimmernden Sterne erblassen | 28 |
| Sollt ich meinem Gott nicht singen | 30 |
| An deiner Rede will ich bleiben | 34 |
| Und siehe, zwei von ihnen | 36 |
| Abide with me! | 38 |
| Was ihr gehört habt von Anfang an | 40 |
| Bleibt in mir und ich in euch | 41 |
| Jesus, meine Freude | 42 |
| Wie mich mein Vater liebt | 43 |
| In Gottes Reich geht niemand ein | 44 |
| Nicht ihr habt mich erwählt | 46 |
| Und wie Moses in der Wüste | 47 |
| Liebe heißt auch: | 48 |
| O Wunderliebe, die mich wählte | 49 |
| Ein feste Burg ist unser Gott | 50 |
| Bleibt fest in der brüderlichen Liebe | 52 |
| Was Gott tut, das ist wohlgetan | 53 |
| Nun, so will ich denn mein Leben | 56 |
| Bleibe im Glauben | 57 |
| Ich aber bleibe | 59 |

**Vorwort**

*Unsere Kirchen werden immer leerer, und in anderen Ländern werden Christen so verfolgt wie noch nie in der Geschichte.*
*Da ist wohl die Frage sehr berechtigt. „Was bleibt?"*

*Das Wort „bleiben" hat im christlichen Glauben eine zentrale und wichtige Bedeutung.*

*Mit diesem Buch möchte ich einige der schönsten Aspekte des „Bleibens" hervorheben und bewusst machen.*

*Unser Glaube ist sowohl realistisch als auch zukunftsorientiert.*

> ***Denn wir haben hier***
> ***keine bleibende Stadt,***
> ***sondern die zukünftige suchen wir.***
> Hebr. 13, 14

*„Credo ergo maneo"* lehnt sich natürlich an den berühmten Satz von René Descartes an: *„Cognito ergo sum"* (Ich denke, also bin ich) an.
Dieser Philosoph, Mathematiker und Naturwissenschaftler hat sich in seinem „Denken" auch mit dem „Gottesbeweis" beschäftigt. Und vielleicht würde er dieses kleine Schrift mit Interesse lesen...

Die Texte aus der Bibel (Lutherübersetzung 1984) und unseren Liedern geben die Vorfreude auf eine ewige „Bleibe" wieder.

*Der Herausgeber*

*Und wer seine Gebote hält,*
*der bleibt in Gott und Gott in ihm.*
*Und daran erkennen wir,*
*dass er in uns bleibt:*
*an dem Geist, den er uns gegeben hat.*
1. Johannes 3, 24

*Ach bleib mit deiner Gnade*

*Ach bleib mit deiner Gnade
bei uns, Herr Jesu Christ,
dass uns hinfort nicht schade
des bösen Feindes List.*

*Ach bleib mit deinem Worte
bei uns, Erlöser wert,
dass uns sei hier und dorte
dein Güt und Heil beschert.*

*Ach bleib mit deinem Glanze
bei uns, du wertes Licht;
dein Wahrheit uns umschanze,
damit wir irren nicht.*

*Ach bleib mit deinem Segen
bei uns, du reicher Herr;
dein Gnad und alls Vermögen
in uns reichlich vermehr.*

*Ach bleib mit deinem Schutze
bei uns, du starker Held,
dass uns der Feind nicht trutze
noch fäll die böse Welt.*

*Ach bleib mit deiner Treue
bei uns, mein Herr und Gott;
Beständigkeit verleihe,
hilf uns aus aller Not.*

Josua Stegmann (1588-1632)

*Dennoch bleibe ich stets an dir;*
*denn du hältst mich*
*bei meiner rechten Hand,*
*du leitest mich nach deinem Rat*
*und nimmst mich am Ende mit Ehren an.*
*Wenn ich nur dich habe, so frage ich*
*nichts nach Himmel und Erde.*
*Wenn mir gleich Leib*
*und Seele verschmachtet,*
*so bist du doch, Gott,*
*allezeit meines Herzens Trost*
*und mein Teil.*
*Denn siehe, die von dir weichen,*
*werden umkommen;*
*du bringst um alle,*
*die dir die Treue brechen.*
*Aber das ist meine Freude,*
*dass ich mich zu Gott halte*
*und meine Zuversicht setze auf Gott,*
*den HERRN,*
*dass ich verkündige all dein Tun.*
aus Psalm 73

**Glaube** *heißt auch:*

**G** *ottes*

**L** *iebe*

**a** *nnehmen*

**u** *nd*

**b** *leibend*

**e** *rwidern!*

hjs

*Eines bitte ich vom HERRN,*
*das hätte ich gerne:*
*dass ich im Hause des HERRN*
*bleiben könne mein Leben lang,*
*zu schauen die schönen Gottesdienste*
*des HERRN*
*und seinen Tempel zu betrachten.*
aus Psalm 27

*Seelenbleibe*

**Als Mensch bin ich gefangen**
**in Zeit und Raum.**

**Gehetzt von Not und Bangen**
**such ich den Traum.**

**Bald ist alles vergangen,**
**man glaubt es kaum.**

**Lasst uns zum HERRN gelangen,**
**IHN bleibend schaun!**
hjs

*Leben beim Herrn*

*Der HERR ist mein Hirte,*
*mir wird nichts mangeln.*
*Er weidet mich auf einer grünen Aue*
*und führet mich zum frischen Wasser.*
*Er erquicket meine Seele.*
*Er führet mich auf rechter Straße*
*um seines Namens willen.*
*Und ob ich schon wanderte*
*im finstern Tal,*
*fürchte ich kein Unglück;*
*denn du bist bei mir,*
*dein Stecken und Stab trösten mich.*
*Du bereitest vor mir einen Tisch*
*im Angesicht meiner Feinde.*
*Du salbest mein Haupt mit Öl*
*und schenkest mir voll ein.*
*Gutes und Barmherzigkeit*
*werden mir folgen mein Leben lang,*
*und ich werde bleiben*
*im Hause des HERRN immerdar.*
Psalm 23

*Leben der ersten Christen*

*Sie blieben aber beständig
in der Lehre der Apostel
und in der Gemeinschaft
und im Brotbrechen und im Gebet.
Es kam aber Furcht über alle Seelen
und es geschahen auch viele Wunder
und Zeichen durch die Apostel.
Alle aber, die gläubig geworden waren,
waren beieinander
und hatten alle Dinge gemeinsam.
Sie verkauften Güter und Habe
und teilten sie aus unter alle,
je nachdem es einer nötig hatte.
Und sie waren täglich
einmütig beieinander im Tempel
und brachen das Brot
hier und dort in den Häusern,
hieten die Mahlzeiten mit Freude
und lauterem Herzen und lobten Gott
und fanden Wohlwollen
beim ganzen Volk.
Der Herr aber fügte täglich
zur Gemeinde hinzu, die gerettet wurden.*
aus Apostelgeschichte 2

*Wenn ich mit Menschen-
und mit Engelzungen redete
und hätte die Liebe nicht,
so wäre ich ein tönendes Erz
oder eine klingende Schelle.
Und wenn ich prophetisch reden könnte
und wüsste alle Geheimnisse und alle
Erkenntnis und hätte allen Glauben,
sodass ich Berge versetzen könnte,
und hätte die Liebe nicht,
so wäre ich nichts.
Und wenn ich alle meine Habe
den Armen gäbe und ließe meinen Leib
verbrennen und hätte die Liebe nicht,
so wäre mir's nichts nütze.
Die Liebe ist langmütig und freundlich,
die Liebe eifert nicht, die Liebe treibt
nicht Mutwillen, sie bläht sich nicht auf,
sie verhält sich nicht ungehörig,
sie sucht nicht das Ihre, sie lässt sich
nicht erbittern sie rechnet das Böse
nicht zu, sie freut sich nicht über
die Ungerechtigkeit, sie freut sich
aber an der Wahrheit;
sie erträgt alles, sie glaubt alles,
sie hofft alles, sie duldet alles.*

*Die Liebe hört niemals auf, wo doch das
prophetische Reden aufhören wird
und das Zungenreden aufhören wird
und die Erkenntnis aufhören wird.
Denn unser Wissen ist Stückwerk und
unser prophetisches Reden ist Stückwerk.
Wenn aber kommen wird das Vollkom-
mene, so wird das Stückwerk aufhören.
Als ich ein Kind war, da redete ich wie
ein Kind und dachte wie ein Kind
und war klug wie ein Kind;
als ich aber ein Mann wurde, tat ich ab,
was kindlich war.
Wir sehen jetzt durch einen Spiegel
ein dunkles Bild; dann aber von
Angesicht zu Angesicht.
Jetzt erkenne ich stückweise;
dann aber werde ich erkennen,
wie ich erkannt bin.*

*Nun aber bleiben Glaube,
Hoffnung, Liebe, diese drei;
aber die Liebe ist die größte unter ihnen.*
1. Korinther 13

*Credo ergo maneo*

*Der Glaube hat Zeit
und freut sich auf die Herrlichkeit.
Die Freude bleibt.
Sie bleibt in alle Ewigkeit!"*
hjs


*Denn wenn das Herrlichkeit hatte,
was aufhört, wie viel mehr wird
das Herrlichkeit haben, was bleibt.*
2. Korinther 3, 11

*Einst herrlich dort zu werden,*
*das ist und bleibt auf Erden*
*mein heiligster Beruf.*
*Gott, dem ich freudig glaube,*
*weckt wieder aus dem Staube*
*mich, den er einst aus Staub erschuf.*

*Die Erde, da wir wallen,*
*oft straucheln stehn und fallen,*
*ist nur ein Pilgerland,*
*das uns zum Himmel leitet,*
*zur Herrlichkeit bereitet,*
*der Gotteskinder Prüfungsstand.*

*So soll nicht Lust noch Leiden*
*von meinem Gott mich scheiden,*
*mich, der ich ewig bin.*
*Was ist mein irdisch Leben?*
*Wozu ist's mir gegeben?*
*Wie lange währt's so ist's dahin.*

*Einst herrlich dort zu werden,*
*das ist und bleibt auf Erden*
*mein heiligster Beruf.*
*So sei all mein Bestreben,*
*ganz heilig ihm zu leben,*
*ihm, der zur Herrlichkeit mich schuf!*
Gottfried Benedekt Funk (1734-1814)

*Bei dir, Jesu, will ich bleiben,*
*stets in deinem Dienste stehn;*
*nichts soll mich von dir vertreiben,*
*will auf deinen Wegen gehn.*
*Du bist meines Lebens Leben,*
*meiner Seele Trieb und Kraft,*
*wie der Weinstock seinen Reben*
*zuströmt Kraft und Lebenssaft.*

*Könnt ich's irgend besser haben*
*als bei dir, der allezeit*
*soviel tausend Gnadengaben*
*für mich Armen hat bereit?*
*Könnt ich je getroster werden*
*als bei dir, Herr Jesu Christ,*
*dem im Himmel und auf Erden*
*alle Macht gegeben ist?*

*Wo ist solch ein Herr zu finden,*
*der, was Jesus tat, mir tut,*
*mich erkauft von Tod und Sünden*
*mit dem eignen teuren Blut?*
*Sollt ich dem nicht angehören,*
*der sein Leben für mich gab?*
*Sollt ich ihm nicht Treue schwören,*
*Treue bis in Tod und Grab?*

*Ja, Herr Jesu, bei dir bleib ich*
*so in Freude wie in Leid;*
*bei dir bleib ich, dir verschreib ich*
*mich für Zeit und Ewigkeit.*
*Deines Winks bin ich gewärtig,*
*auch des Rufs aus dieser Welt;*
*denn der ist zum Sterben fertig,*
*der sich lebend zu dir hält.*

*Bleib mir nah auf dieser Erden,*
*bleib auch, wenn mein Tag sich neigt,*
*wenn es nun will Abend werden*
*und die Nacht herniedersteigt.*
*Lege segnend dann die Hände*
*mir aufs müde, schwache Haupt;*
*sprich: 'Mein Kind, hier geht's zu Ende;*
*aber dort lebt, wer hier glaubt.'*

*Bleib mir dann zur Seite stehen,*
*graut mir vor dem kalten Tod*
*als dem kühlen, scharfen Wehen*
*vor dem Himmelsmorgenrot.*
*Wird mein Auge dunkler, trüber,*
*dann erleuchte meinen Geist,*
*dass ich fröhlich zieh hinüber,*
*wie man nach der Heimat reist.*
Karl Johann Philipp Spitta (1801-1859)

*Bleibt bei dem, der euretwillen*
*auf die Erde niederkam,*
*der, um euren Schmerz zu stillen,*
*tausend Schmerzen auf sich nahm.*
*Bleibt bei dem, der einzig bleibet,*
*wenn auch alles untergeht,*
*der, wenn alles auch zerstäubet,*
*siegend überm Staube steht.*

*Alles schwindet, Herzen brechen,*
*denen ihr euch hier ergabt,*
*und der Mund hört auf zu sprechen,*
*der euch oft mit Trost gelabt,*
*und der Arm, der euch zum Stabe*
*und zum Schilde ward, erstarrt,*
*und einst schläft das Aug' im Grabe,*
*das euch sorgsam hat bewahrt.*

*Alles stirbt. Das Ird'sche findet  
in dem Irdischen sein Grab.  
Alle Lust der Welt verschwindet,  
und das Herz stirbt selbst ihr ab.  
Ird'sches Wesen muß verwesen,  
ird'sche Flamme muß verglühn,  
ird'sche Fessel muß sich lösen,  
ird'sche Blüte muß verblühn.*

*Doch der Herr steht überm Staube  
alles Irdischen und spricht:  
"Stütze dich auf mich und glaube,  
hoffe, lieb und fürchte nicht!"  
Darum bleibt bei dem, der bleibet  
und der geben kann, was bleibt,  
der, wenn ihr euch ihm verschreibet,  
euch ins Buch des Lebens schreibt.*

Karl Johann Philipp Spitta (1801-1859)

*Niemand hat Gott jemals gesehen.
Wenn wir uns untereinander lieben,
so bleibt Gott in uns, und seine Liebe
ist in uns vollkommen.
Daran erkennen wir, dass wir in ihm
bleiben und er in uns, dass er uns
von seinem Geist gegeben hat.
Und wir haben gesehen und bezeugen,
dass der Vater den Sohn gesandt hat
als Heiland der Welt.
Wer nun bekennt, dass Jesus Gottes Sohn
ist, in dem bleibt Gott und er in Gott.
Und wir haben erkannt und geglaubt
die Liebe, die Gott zu uns hat.*

*Gott ist die Liebe;
und wer in der Liebe bleibt,
der bleibt in Gott und Gott in ihm.*
1. Johannes 4, 12-16

*O Jesu, dass dein Name bliebe*
*im Herzen, drück ihn tief hinein!*
*Möcht deine große Jesuliebe*
*in meinen Sinn gepräget sein!*
*In Wort und Werk, in allem Wesen*
*sei Jesus und sonst nichts zu lesen!*
Gerhard Tersteegen (1697-1869)

*Gleich wie die schimmernden Sterne erblassen,*
*strahlet der leuchtende Morgen sie an,*
*wirst du die Welt und ihr Tagwerk verlassen.*
*Eines besteht: was du liebend getan!*
*Eines bestehet, nimmer vergehet,*
*nimmer vergehet, was du liebend getan.*
*Wirst du die Welt und ihr Tagwerk verlassen,*
*nimmer vergeht, was du liebend getan.*

*Wo du im Lenze gepflanzt und gesäet,*
*wirst du gewißlich die Ernte empfahn.*
*Schnell sind des Sämannes Spuren verweht,*
*eines besteht: was du liebend getan.*
*Eines bestehet, nimmer vergehet,*
*nimmer vergehet, was du liebend getan.*
*Wirst du die Welt und ihr Tagwerk verlassen,*
*nimmer vergeht, was du liebend getan.*

*Hast du für Gott und die Wahrheit gestrebet,*
*wacker gekämpft wider Sünde und Wahn,*
*wirst du vergessen, doch bleibet und lebet,*
*reifet zur Frucht, was du liebend getan.*
*Eines bestehet, nimmer vergehet,*
*nimmer vergehet, was du liebend getan.*
*Wirst du die Welt und ihr Tagwerk verlassen,*
*nimmer vergeht, was du liebend getan.*

*Himmlische Gaben - wer mag sie ermessen? -*
*werden die Treuen vom König empfahn.*
*Keinem der Seinen wird Jesus vergessen,*
*was er im Leben hat liebend getan.*
*Eines bestehet, nimmer vergehet,*
*nimmer vergehet, was du liebend getan.*
*Wirst du die Welt und ihr Tagwerk verlassen,*
*nimmer vergeht, was du liebend getan.*
Horatius Bonar (1808-1889)

*Soll ich meinem Gott nicht singen?*
*Sollt ich ihm nicht dankbar sein?*
*Denn ich seh in allen Dingen,*
*wie so gut er's mit mir mein´.*
*Ist doch nichts als lauter Lieben,*
*das sein treues Herze regt,*
*das ohn Ende hebt und trägt,*
*die in seinem Dienst sich üben.*
*Alles Ding währt seine Zeit,*
*Gottes Lieb in Ewigkeit.*


*Wie ein Adler sein Gefieder*
*über seine Jungen streckt,*
*also hat auch hin und wieder*
*mich des Höchsten Arm bedeckt,*
*alsobald im Mutterleibe,*
*da er mir mein Wesen gab*
*und das Leben, das ich hab*
*und noch diese Stunde treibe.*
*Alles Ding währt seine Zeit,*
*Gottes Lieb in Ewigkeit.*

*Sein Sohn ist ihm nicht zu teuer,*
*nein, er gibt ihn für mich hin,*
*dass er mich vom ewgen Feuer*
*durch sein teures Blut gewinn.*
*O du unergründter Brunnen,*
*wie will doch mein schwacher Geist,*
*ob er sich gleich hoch befleißt,*
*deine Tief ergründen können?*
*Alles Ding währt seine Zeit,*
*Gottes Lieb in Ewigkeit.*


*Seinen Geist, den edlen Führer,*
*gibt er mir in seinem Wort,*
*dass er werde mein Regierer*
*durch die Welt zur Himmelspfort;*
*dass er mir mein Herz erfülle*
*mit dem hellen Glaubenslicht,*
*das des Todes Macht zerbricht*
*und die Hölle selbst macht stille.*
*Alles Ding währt seine Zeit,*
*Gottes Lieb in Ewigkeit.*

*Wenn ich schlafe, wacht sein Sorgen
und ermuntert mein Gemüt,
dass ich alle liebe Morgen
schaue neue Lieb und Güt.
Wäre mein Gott nicht gewesen,
hätte mich sein Angesicht
nicht geleitet, wäre ich nicht
aus so mancher Angst genesen.
Alles Ding währt seine Zeit,
Gottes Lieb in Ewigkeit.*

*Das weiß ich fürwahr und lasse
mirs nicht aus dem Sinne gehen:
Christenkreuz hat seine Maße
und muss endlich stillestehn.
Wenn der Winter ausgeschneiet,
tritt der schöne Sommer ein,
also wird auch nach der Pein,
wers erwarten kann, erfreuet.
Alles Ding währt seine Zeit,
Gottes Lieb in Ewigkeit.*

*Weil denn weder Ziel noch Ende*
*sich in Gottes Liebe findt,*
*ei so heb ich meine Hände*
*zu dir, Vater, als dein Kind;*
*bitte, wollst mir Gnade geben,*
*dich aus aller meiner Macht*
*zu umfangen Tag und Nacht*
*hier in meinem ganzen Leben,*
*bis ich dich nach dieser Zeit*
*lob und lieb in Ewigkeit.*
Paul Gerhardt (1607-1676)

*An Deiner Rede will ich bleiben,*
*Du treuer Heiland Jesus Christ!*
*Und ob auch keiner dran verbliebe,*
*ich weiß ja, was Dein Wort mir ist:*
*Wie aus der Sünde tiefstem Jammer,*
*wie aus des Todes finstrer Nacht,*
*wie aus der Hölle Haft und Banden*
*Dein teures Wort mich frei gemacht.*

*An Deiner Rede will ich bleiben —*
*drauf lässt sich's bauen felsenfest!*
*Ich weiß ja, daß von Deinen Worten*
*Du keins zur Erde fallen läss'st.*
*Eh' sollen Berg' und Hügel weichen,*
*eh' stürzt der ganze Weltkreis ein,*
*eh' auch das kleinste Deiner Worte,*
*Herr Jesus, unerfüllt wird sein!*

*An Deiner Rede will ich bleiben:*
*Kein Wörtlein drin sei mir zu klein!*
*Das kleinste Wort aus Deinem Munde*
*muss größer als die Welt ja sein.*
*Du sprachst ein Wort - und sie erstanden,*
*die Kreaturen sonder Zahl;*
*Du sprichst ein Wort - und Herzen schmelzen,*
*die härter sind als Erz und Stahl.*

*An Deiner Rede will ich bleiben,*
*wie Kindlein an der Eltern Mund!*
*Ach, lass an Deinem Wort mich hangen*
*so fest noch in der letzten Stund' -*
*und nimm dann mit dem Kuss des Friedens*
*zu Dir Dein teu'r erkauftes Kind.*
*Dahin, wo ohne Wort Dich schauen,*
*die Deine rechten Jünger sind!*
Adolph Morath (1805-1884)

Und siehe, zwei von ihnen gingen an demselben Tage in ein Dorf, das war von Jerusalem etwa zwei Wegstunden entfernt; dessen Name ist Emmaus. Und sie redeten miteinander von allen diesen Geschichten. Und es geschah, als sie so redeten und sich miteinander besprachen, da nahte sich Jesus selbst und ging mit ihnen. Aber ihre Augen wurden gehalten, dass sie ihn nicht erkannten. Er sprach aber zu ihnen: Was sind das für Dinge, die ihr miteinander verhandelt unterwegs? Da blieben sie traurig stehen. Und der eine, mit Namen Kleopas, antwortete und sprach zu ihm: Bist du der Einzige unter den Fremden in Jerusalem, der nicht weiß, was in diesen Tagen dort geschehen ist? Und er sprach zu ihnen: Was denn? Sie aber sprachen zu ihm: Das mit Jesus von Nazareth, der ein Prophet war, mächtig in Taten und Worten vor Gott und allem Volk; wie ihn unsre Hohenpriester und Oberen zur Todesstrafe überantwortet und gekreuzigt haben. Wir aber hofften, er sei es, der Israel erlösen werde. Und über das alles ist heute der dritte Tag, dass dies geschehen ist. Auch haben uns erschreckt einige Frauen aus unserer Mitte, die sind früh bei dem Grab gewesen, haben seinen Leib nicht gefunden, kommen und sagen, sie haben eine Erscheinung von Engeln gesehen, die sagen, er lebe. Und einige von uns gingen hin zum Grab und fanden's so, wie die Frauen sagten; aber ihn sahen sie nicht.

Und er sprach zu ihnen: O ihr Toren, zu trägen Herzens, all dem zu glauben, was die Propheten geredet haben! Musste nicht Christus dies erleiden und in seine Herrlichkeit eingehen? Und er fing an bei Mose und allen Propheten und legte ihnen aus, was in der ganzen Schrift von ihm gesagt war. Und sie kamen nahe an das Dorf, wo sie hingingen. Und er stellte sich, als wollte er weitergehen. Und sie nötigten ihn und sprachen:

**Bleibe bei uns; denn es will Abend werden und der Tag hat sich geneigt.**

Und er ging hinein, bei ihnen zu bleiben. Und es geschah, als er mit ihnen zu Tisch saß, nahm er das Brot, dankte, brach's und gab's ihnen. Da wurden ihre Augen geöffnet und sie erkannten ihn. Und er verschwand vor ihnen. Und sie sprachen untereinander: Brannte nicht unser Herz in uns, als er mit uns redete auf dem Wege und uns die Schrift öffnete? Und sie standen auf zu derselben Stunde, kehrten zurück nach Jerusalem und fanden die Elf versammelt und die bei ihnen waren; die sprachen: Der Herr ist wahrhaftig auferstanden und Simon erschienen. Und sie erzählten ihnen, was auf dem Wege geschehen war und wie er von ihnen erkannt wurde, als er das Brot brach.
Lukas 24, 13-35

*Abide with me! Fast falls the eventide;*
*The darkness deepens: Lord, with me abide!*
*When other helpers fail, and comforts flee,*
*Help of the helpless, O abide with me!*

*Swift to its close ebbs out life's little day;*
*Earth's joys grow dim; its glories pass away:*
*Change and decay in all around I see;*
*O Thou, who changest not, abide with me!*

*Not a brief glance I beg, a passing word,*
*But as Thou dwell'st with Thy disciples, Lord,*
*Familiar, condescending, patient, free,*
*Come, not to sojourn, but abide, with me!*

*Come not in terrors, as the King of kings;*
*But kind and good, with healing in Thy wings:*
*Tears for all woes, a heart for every plea.*
*Come, Friend of sinners, and thus bide with me!*

*Thou on my head in early youth didst smile,*
*And, though rebellious and perverse meanwhile,*
*Thou hast not left me, oft as I left Thee.*
*On to the close, O Lord, abide with me!*

*I need Thy presence every passing hour.*
*What but Thy grace can foil the Tempter's power?*
*Who like Thyself my guide and stay can be?*
*Through cloud and sunshine, O abide with me!*

*I fear no foe with Thee at hand to bless:*
*Ills have no weight, and tears no bitterness.*
*Where is death's sting? where, grave, thy victory?*
*I triumph still, if Thou abide with me.*

*Hold Thou Thy cross before my closing eyes;*
*Shine through the gloom, and point me to the skies:*
*Heaven's morning breaks, and earth's vain shadows flee.*
*In life and death, O Lord, abide with me!*
Henry Francis Lyte (1793-1847)

*Was ihr gehört habt von Anfang an,*
*das bleibe in euch.*
*Wenn in euch bleibt,*
*was ihr von Anfang an gehört habt,*
*so werdet ihr auch im Sohn*
*und im Vater bleiben.*
1. Johannes 2, 24

*Bleibt in mir und ich in euch.*
*Wie die Rebe keine Frucht bringen kann*
*aus sich selbst, wenn sie nicht am*
*Weinstock bleibt, so auch ihr nicht, wenn*
*ihr nicht in mir bleibt.*
*Ich bin der Weinstock, ihr seid die Reben.*
*Wer in mir bleibt und ich in ihm,*
*der bringt viel Frucht; denn ohne mich*
*könnt ihr nichts tun.*
*Wer nicht in mir bleibt, der wird*
*weggeworfen wie eine Rebe und verdorrt,*
*und man sammelt sie und wirft sie ins*
*Feuer und sie müssen brennen.*
*Wenn ihr in mir bleibt und meine Worte in*
*euch bleiben, werdet ihr bitten, was ihr*
*wollt, und es wird euch widerfahren.*
*Darin wird mein Vater verherrlicht,*
*dass ihr viel Frucht bringt*
*und werdet meine Jünger.*
Johannes 15, 4-8

*Jesu, meine Freude,*
*meines Herzens Weide,*
*Jesu meine Zier!*
*Ach, wie lang, ach lange*
*ist dem Herzen bange*
*und verlangt nach dir!*
*Gottes Lamm, mein Bräutigam,*
*außer dir soll mir auf Erden*
*nichts sonst Liebers werden.*

*Weg mit allen Schätzen;*
*du bist mein Ergötzen,*
*Jesu, meine Lust.*
*Weg, ihr eitlen Ehren,*
*ich mag euch nicht hören,*
*bleibt mir unbewusst!*
*Elend, Not, Kreuz, Schmach und Tod*
*soll mich, ob ich viel muss leiden,*
*nicht von Jesus scheiden.*

*Weicht, ihr Trauergeister,*
*denn mein Herr und Meister,*
*Jesus, tritt herein. Denen, die Gott lieben,*
*muss auch ihr Betrüben*
*lauter Freude sein.*
*Duld ich schon hier Spott und Hohn,*
*dennoch bleibst du auch im Leide,*
*Jesu, meine Freude.*
Johann Franck (1618-1677)

*Wie mich mein Vater liebt,*
*so liebe ich euch auch.*
**Bleibt in meiner Liebe!**
*Wenn ihr meine Gebote haltet,*
*so bleibt ihr in meiner Liebe, wie ich*
*meines Vaters Gebote halte und bleibe*
*in seiner Liebe.*
**Das sage ich euch, damit meine Freude**
**in euch bleibe und eure Freude**
**vollkommen werde.**
Johannes 15, 9-11

*In Gottes Reich geht niemand ein,*
*er sei denn neu geboren;*
*sonst bleibt er bei dem besten Schein*
*für Gottes Reich verloren.*
*Was fleischliche Geburt verderbt,*
*in der man schon die Sünd ererbt,*
*das muss Gott selbst erneuen.*

*Will man mit Gott in Ewigkeit*
*in der Gemeinschaft leben,*
*muss er uns formen allezeit*
*und neues Leben geben;*
*denn nur sein göttlich Ebenbild*
*ist, was alleine vor ihm gilt.*
*Dies muss er in uns schaffen*

*Ach, Vater der Barmherzigkeit,*
*was Jesus uns erworben,*
*da er zu unsrer Seligkeit*
*am Kreuz für uns gestorben*
*und wieder auferstanden ist*
*O Herr, weil du so gnädig bist,*
*lass das auch uns genießen.*

*Wir wollen denn, was du uns gibst,*
*hinfort noch fester fassen.*
*Wir wollen dich, weil du uns liebst,*
*nicht aus dem Herzen lassen,*
*dass deine göttliche Natur*
*in uns, der neuen Kreatur,*
*beständig ist und bleibe!*
Konrad Gebhardt Stüber (1925)

*Nicht ihr habt mich erwählt, sondern ich
habe euch erwählt und bestimmt,
dass ihr hingeht und Frucht bringt
und eure Frucht bleibt, damit, wenn ihr
den Vater bittet in meinem Namen,
er's euch gebe.*

Johannes 16, 17

*Und wie Mose in der Wüste
die Schlange erhöht hat,
so muss der Menschensohn erhöht werden,
damit alle, die an ihn glauben,
das ewige Leben haben.*

*Denn also hat Gott die Welt geliebt,
dass er seinen eingeborenen Sohn gab,
damit alle, die an ihn glauben,
nicht verloren werden,
sondern das ewige Leben haben.*

*Denn Gott hat seinen Sohn
nicht in die Welt gesandt,
dass er die Welt richte,
sondern dass die Welt
durch ihn gerettet werde.*
Johannes 3, 14-17

**Liebe** *heißt auch:*

**L** *eben*

**i** *n*

**e** *inem*

**b** *leibenden*

**E** *inssein*
hjs

*O Wunderliebe, die mich wählte*
*vor allem Anbeginn der Welt*
*und mich zu ihren Kindern zählte,*
*für welche sie das Reich bestellt!*
*O Vaterhand, o Gnadentrieb,*
*der mich ins Buch des Lebens schrieb!*

*O sollt' ich dich nicht wieder lieben,*
*der du mich unaufhörlich liebst?*
*Sollt' ich mit Undank dich betrüben,*
*da du mir Fried' und Freude gibst?*
*Verließ' ich dich, mein Seelenfreund,*
*so wär' ich selbst mein ärgster Feind.*

*Ach, könnt' ich dich nur besser ehren,*
*welch edles Loblied stimmt' ich an!*
*Es sollten Erd' und Himmel hören,*
*was du, mein Gott, an mir getan.*
*Nichts ist so köstlich, nichts so schön,*
*als, höchster Vater, dich erhöhn.*

*Ich weiß es, einstens kommt die Stunde,*
*dass mein durch dich erlöster Geist*
*im höhern Chor mit frohem Munde*
*dich, höchste Liebe, schöner preist.*
*Drum eilt mein Herz aus dieser Zeit*
*und sehnt sich nach der Herrlichkeit.*
Johann Gottfried Hermann (1707-1791)

*Ein feste Burg ist unser Gott,*
*ein gute Wehr und Waffen.*
*Er hilft uns frei aus aller Not,*
*die uns jetzt hat betroffen.*
*Der alt böse Feind*
*mit Ernst er's jetzt meint;*
*groß Macht und viel List*
*sein grausam Rüstung ist,*
*auf Erd ist nicht seinsgleichen.*

*Mit unsrer Macht ist nichts getan,*
*wir sind gar bald verloren;*
*es streit' für uns der rechte Mann,*
*den Gott hat selbst erkoren.*
*Fragst du, wer der ist?*
*Er heißt Jesus Christ,*
*der Herr Zebaoth,*
*und ist kein andrer Gott,*
*das Feld muss er behalten.*

*Und wenn die Welt voll Teufel wär
und wollt uns gar verschlingen,
so fürchten wir uns nicht so sehr,
es soll uns doch gelingen.
Der Fürst dieser Welt,
wie sau'r er sich stellt,
tut er uns doch nicht;
das macht, er ist gericht':
ein Wörtlein kann ihn fällen.*

*Das Wort sie sollen lassen stahn
und kein' Dank dazu haben;
er ist bei uns wohl auf dem Plan
mit seinem Geist und Gaben.
Nehmen sie den Leib,
Gut, Ehr, Kind und Weib:
lass fahren dahin,
sie haben's kein' Gewinn,
das Reich muss uns doch bleiben.*
Martin Luther (1483.1546)

*Bleibt fest in der brüderlichen Liebe.*
*Gastfrei zu sein vergesst nicht;*
*denn dadurch haben einige ohne ihr*
*Wissen Engel beherbergt.*
*Denkt an die Gefangenen,*
*als wärt ihr Mitgefangene,*
*und an die Misshandelten,*
*weil ihr auch noch im Leibe lebt.*
Hebräer 13, 1-3

*Was Gott tut, das ist wohlgetan.*
*Es bleibt gerecht sein Wille.*
*Wie er fängt meine Sachen an,*
*will ich ihm halten stille.*
*Er ist mein Gott, der in der Not*
*mich wohl weiß zu erhalten;*
*drum lass ich ihn nur walten.*

*Was Gott tut, das ist wohlgetan.*
*Er ist mein Licht und Leben,*
*der mir nichts Böses gönnen kann.*
*Ihm will ich mich ergeben*
*in Freud und Leid; es kommt die Zeit,*
*da öffentlich erscheinet,*
*wie treulich er es meinet.*

*Was Gott tut, das ist wohlgetan.*
*Dabei will ich verbleiben.*
*Es mag mich auf die raue Bahn*
*Not, Tod und Elend treiben,*
*so wird Gott mich ganz väterlich*
*in seinen Armen halten;*
*drum lass ich ihn nur walten.*
Samuel Rodigast (1649-1708)

*Der Glaub ist feste Zuversicht
zu Gottes Gnad und Treue,
dass ihn der Tod des Sünders nicht,
dass ihn sein Leben freue.
Er ist der Kindschaft sichrer Grund,
auf Gottes Wort und seinen Bund
in seinem Sohn gegründet.*

*Er richtet auf und gibt mir Mut,
zum Vater mich zu nahen,
Vergebung durch des Sohnes Blut
und Gnade zu empfahen.
Was er mir gibt und noch verheißt
mir einst zu geben, sieht mein Geist,
als war es gegenwärtig.*

*Er gibt mir Kräfte, dass ich hin
zum Unsichtbaren dringe,
schon hier in Hoffnung selig bin
und nach dem Himmel ringe.
Gott ist mein Hort, sein Sohn mein Heil,
sein Geist das Pfand; ich habe Teil
an Gottes Vaterliebe.*

*Stürmt Sorg und Unruh auf mich zu*
*mit zweifelnden Gedanken,*
*gibt Gottes Wort dem Herzen Ruh*
*und lässt mich nimmer wanken.*
*Der Glaube fürchtet keinen Schmerz,*
*er weiß, dass Gottes Vaterherz*
*mein Bestes nur beschließet.*

*Ich weiß, auf wen ich bauen kann,*
*ich weiß, an wen ich glaube;*
*Gott nimmt auch mich zu Ehren an*
*und hebt mich aus dem Staube.*
*Die Welt mag um mich her vergehn,*
*ich falle nicht, ich bleibe stehn:*
*Ich glaube seinem Worte.*
Ludwig Andreas Gotter (1661-1735)

*Nun so will ich denn mein Leben
völlig meinem Gott ergeben;
nun wohlan, es ist geschehn.
Sünd, ich will von dir nicht hören,
Welt, ich will mich von dir kehren,
ohne je zurückzusehn.*

*Hab ich sonst mein Herz geteilet,
hab ich hier und da verweilet,
endlich sei der Schluss gemacht,
meinen Willen ganz zu geben,
meinem Gott allein zu leben,
ihm zu dienen Tag und Nacht.*

*Herr, ich bin so ganz elendig;
soll mein Vorsatz sein beständig,
so musst du mein Helfer sein.
O Durchbrecher aller Banden,
lass mich werden nicht zuschanden,
denn ich trau in dich allein.*

*Dich allein will ich erwählen;
alle Kräfte meiner Seelen
nimm nur ganz in deine Macht.
Ja, ich will mich dir verschreiben;
lass es ewig feste bleiben,
was ich dir hab zugesagt.*
Gerhard Tersteegen (1697-1769)

*Bleibe im Glauben*

**Wenn du nichts mehr verstehst,**
**wenn Wege plötzlich enden,**
**bleibe im Glauben, bleibe bei Gott,**
**geh nicht fort.**

**Wenn die Hoffnung verweht,**
**weil Ängste dich bedrängen,**
**bleibe im Glauben, bleibe bei Gott,**
**geh nicht fort.**

**Denn Gott schenkt nach dunklen Tagen,**
**die Zeit der Regenbogenfarben.**
**Gib ihm deine Hand,**
**er führt dich in sein Licht.**
**Denn Gott führt dich in sein Licht.**

**Wenn Enttäuschung dich trifft,**
**wenn Freunde dich verlassen,**
**bleibe im Glauben, bleibe bei Gott,**
**geh nicht fort.**

**Wenn die Liebe verstummt,**
**weil Menschen nicht vergeben,**
**bleibe im Glauben, bleibe bei Gott,**
**geh nicht fort.**

**Wenn die Krankheit dich quält,**
**wenn deine Kräfte schwinden,**
**bleibe im Glauben, bleibe bei Gott,**
**geh nicht fort.**

**Wenn die Freude dir fehlt,**
**weil alle Lieder schweigen,**
**bleibe im Glauben, bleibe bei Gott,**
**geh nicht fort.**
Edeltraut Reeb

*Ich aber bleibe bei dem,*
*was du gelehrt hast*
*und was mir anvertraut ist;*
*ich weiß ja,*
*von wem ich gelernt habe.*
nach 2 .Tmotheus, 3, 14